D1673833

Jutta-Verena Jacobi
Zeit zu staunen

1. Auflage

© 2011 Jutta-Verena Jacobi
© 2011 für diese Ausgabe:
Civitas Imperii Verlag - Esslingen
Einband: Ben Berg
Fotos: Jutta-Verena Jacobi

ISBN-13: 978-3-939300-10-6

Besuchen Sie uns im Internet
www.civitas-imperii-verlag.de
Kontakt: info@civ-buch.de

Jutta-Verena Jacobi

Zeit zu staunen

Inspirationen aus der Natur

Civitas Imperii Verlag - Esslingen

Bäume

Bäume sind heilige Wesen, sie gehören zu unserer Natur, sind lebenspendend. Sie laden ein zum Staunen, zur Andacht und Verehrung. Sie verkörpern Kraft, Ruhe und Weisheit. Wir können viel von ihnen lernen über das Wesen alles Lebendigen, der Schöpfung und dem Sein.

In meiner Kindheit auf dem Lande sind sie Wegbegleiter gewesen, die starken Eichen, die lichten, zarten Birken, die harzigen Kiefern und die schmiegsamen, verwunschenen Lärchen. Kirsch-und Apfelblütenzeit, ein hochzeitlicher Sommertraum.

Ja, träumen unter Bäumen. Lesen.

Und Weihnachten eine immergrüne,
leuchtende Tanne für das Kinderherz.

Durch eine Allee fahren und sich
erhaben fühlen, die Ruhe verschneiter
Wälder genießen.

Verliebt habe ich manchmal einen
Baum des Waldes ausgesucht und dem
Liebsten geschenkt.
Später habe ich die ungeheure Kraft
in der Umarmung eines Baumes
gespürt.

Bäume sind tief in der Erde verwurzelt
und weisen mit ihren Ästen den Weg
zum Himmel.

Sie beschützen uns und können Trost
spenden.

Viele Dichter haben das Hohe Lied
ihrer Natur besungen.

Viele Menschen haben immer wieder
Bäume fotografiert. Ich habe mich für
ihre Rinden begeistert. Diese Vielfalt
der Struktur in der Natur hat mich
tief beeindruckt und mein kindliches
Staunen neu belebt. Staunen weitet
das Herz.
Den Momentaufnahmen habe
ich Haikus hinzugefügt, mit ihrer
Form kann ich am besten meine
Gedankensplitter oder Gefühlsblitze
auf diesen Spaziergängen
wiedergeben.

Zum Weiterstaunen.

Ki

Das japanische
Kanji für Baum

Von Bäumen lernen
Entwicklung im Vertrauen
Auf Selbstentfaltung

9

Alle Luft erbebt
Von grenzenloser Schönheit
Fließt in den Adern

Betrachte ein Blatt
Und seine Vollkommenheit
Träume seinen Duft

13

Sturm bricht starren Baum
Hohler Grashalm bleibt biegsam
Leer wirst auch Du leicht

15

Gutes und Böses
Erzeugen Licht und Schatten
Wie auch die Menschen

Natur vollkommen
Vollkommenheit der Schöpfung
Sprich mit den Bäumen

19

Stille überall
Vertieft die sanfte Ruhe
In meinem Herzen

Ein leiser Windhauch
Berührt mich mit Zärtlichkeit
Und auch Phantasie

23

Vom Licht durchflutet
Flüchte ich voller Freude
Ins schattige Heim

Die Erde nährt uns
Dienen ohne Eigennutz
Oh Glückseligkeit

Sonnenuntergang
Für alle ein Erlebnis
Und für mich allein

29

Blaues im Weißen
Das ganze Farbenspektrum
Bleibt für die Seher

Bäume der Insel
Erzählen schon seit langem
Uralte Weisheit

33

Farben der Erde
Und des himmlischen Lichtes
Erwärmen Seele

Und ein Erwachen
In Dankbarkeit und Demut
Kaum zu erfassen

Dasein und Impuls
Mitschöpfer Gottes werden
Schafft Leben heute

Liebe die Wesen
Die so lieb Dich begleiten
Auch am Wegesrand

41

Am Anfang das Wort
Verwirklichung mit der Tat
Wandlung in der Zeit

43

Für eine Aussicht
Lass es in dein Herz hinein
Das Grün der Hoffnung

Natur birgt Wunder
Im Werden und Vergehn
Staunen schärft Sinne

Holz kann erinnern
Wald und Feuer im Ofen
Die Geborgenheit

49

Lass dich berühren
Augenblick der Begegnung
Vom Winde verweht

Zärtliche Geste
Im Schatten großer Bäume
Wohltat und Segen

Ohne Uhr die Zeit
wahrnehmen - im Augenblick
das Glück erkennen

Allein Liebe zählt
Ihre Allmacht im Einssein
Von allem Leben

Jeder Atemzug
Enthält die Glückseligkeit
Vielleicht Erkenntnis

Das Samenkorn weiß
Wie es sich entfalten wird
Vertraue auch Dir

Jeder ist ein Stern
Planet der Unendlichkeit
Einsam - verbunden

63

Nach der Flucht in den Westen, in
das noch französische Saarbrücken
1958, studierte die 1945 in Nordhausen
am Harz geborene und in Kloster
Lehnin aufgewachsene Jutta-Verena
Jacobi in den Sechzigerjahren
Psychologie in Saarbrücken, Mainz
und Mannheim. Nachdem sie in
fast allen Justizvollzugsanstalten
in Baden-Württemberg volontiert

hatte, arbeitete sie bis 1973 in der JVA Rottenburg. Nach ihrem Umzug nach Berlin war sie als wissenschaftliche Assistentin am Institut für Sozialpädagogik an der FU Berlin angestellt. Mit ihrer Scheidung 1980 endete für Jutta-Verena Jacobi ihre bisher schwerste persönliche Zeit. 1981 startete sie einen Neubeginn als Professorin an der Fachhochschule für Sozialwesen in Esslingen. Esslingen hatte es ihr so angetan, dass sie der Stadt nicht nur bis heute treu geblieben ist. Ende der Achtzigerjahre saß sie sogar als Stadträtin im Gemeinderat von Esslingen. Seit ihrer Pensionierung durchwandert sie kulturelle Landschaften von Theater, Lesen, Lesungen, Schreiben und wirkt in sozialen Projekten mit.

Bisher in der Kunst- und Lyrikreihe erschienen:

GERTRUD LUICK-CONRAD
„LEBENSLINIEN"
ISBN 978-3-939300-12-0
VK 18,- Eur[D]/18,50 Eur[A] inkl. MwSt.
Neben bekannten Aquarellen und Zeichnungen enthält der Band bisher noch nicht veröffentlichte Gedichte der Esslinger Malerin und Dichterin Gertrud Luick-Conrad.

CARL CAIRO CRAMER
„DORN OHNE ALPHA UND OMEGA"
ISBN 978-3-939300-11-3
25,- € [D]/25,70 [A] inkl. MwSt.
Eine sprachliche Meisterleistung. Das Alphabet von A bis Z in Gedichtform. Für jeden Buchstaben ein Gedicht und jedes Wort des Gedichts fängt mit dem jeweiligen Buchstaben an.

ANGELIKA HENTSCHEL
„UNERHÖRTE ZEITEN"
ISBN 978-3-939300-08-3
VK 20,- Eur[D]/20,60 Eur[A] inkl. MwSt.
Angelika Hentschel bannt in ihre Gedichte und ihre Bilder den Fluss der Natur und Zeit wie niemand anderes.

CARL CAIRO CRAMER
„POLDERAMUS"
ISBN 978-3-939300-00-7
40,- € [D]/41,20 [A] inkl. MwSt.
Ein lyrischer und bildhafter Genuss in fünf Gängen. Sprachliche Kunstwerke auf höchstem Niveau gepaart mit den Bildern von CCC. Stecken Sie das Buch nicht in eine Schublade, da kommt es nicht her.

ERNA URBAN
„JAHR UND TAG"
ISBN 978-3-939300-06-9
VK 20,- Eur[D]/20,60 Eur[A] inkl. MwSt.

Manchmal nachdenklich und melancholisch, manchmal heiter und beschwingt betrachtet Erna Urban die
Welt und die Menschen um sie herum auf ihre eigene
lyrische Art und Weise.

ANGELIKA HENTSCHEL
„ZWISCHEN DEM JETZT"
ISBN 978-3-939300-04-5
VK 14,95 Eur[D]/15,40 Eur[A] inkl.MwSt.

Angelika Hentschel entführt uns mit ihren Gedichten
und Bildern nicht nur in eine Zeit, die zwischen dem
Jetzt liegt. Sie führt uns auch in Gefilde in uns, die
zwischen unseren bewussten Wahrnehmungen liegen.

CARL CAIRO CRAMER
„ZEITWELLEN"
ISBN 978-3-000291-64-7
VK 14,95 Eur[D]/15,40 Eur[A] inkl. MwSt.

Unkonventionell, mit Witz und Esprit, zieht
Carl Cairo Cramer den Vorhang der Großmannstuerei
vor der Kleinbürgerlichkeit beiseite.

Jungen oder unbekannten Autoren den ersten Schritt auf dem Buchmarkt zu ermöglichen, ist das oberste Ziel unseres Verlags.

Gemeinsam wird das Manuskript überarbeitet, lektoriert, korrigiert und zur Publizitätsreife gebracht.

Ob als reines Verlagsprodukt, gemanagtem Selbstverlag oder reiner Eigenproduktion der Autorin oder des Autors, wir finden immer einen Weg Ihr Werk auf den Markt zu bringen.

Auf unseren Internetseiten finden Sie die Vorgaben für die Manuskripteinreichung.

Senden Sie uns Ihr Exposé und Manuskript oder mailen Sie uns Ihre Anfrage einfach zu.

manuskript@civ-buch.de

Andere verlegen Ihr Manuskript,

wir verlegen Ihr Buch.

Civitas Imperii Verlag